Les Péch és capi taux

Centre
Georges Pompidou

ISBN : 2-85850-888-7
N° d'éditeur : 1005
Dépôt légal : août 1996

Les Péchés capitaux

Germain Viatte
Didier Ottinger
Michel Onfray

Les
Péch
és
capi
taux

Expositions présentées au Centre Georges Pompidou, Galerie du Musée,
du 11 septembre 1996 au 29 septembre 1997

Président
Jean-Jacques Aillagon

Directeur du Musée national d'art moderne-Centre de création industrielle
Germain Viatte

Directeur du Département du développement culturel
Daniel Soutif

Catalogue

Conception
Didier Ottinger

Coordination du service éditorial
Françoise Marquet

Chargée d'édition
Chantal Noël

Conception graphique

Philippe Ducat

Responsable des Éditions
Philippe Bidaine

Relations presse
Danièle Alers

Fabrication
Bernadette Borel-Lorie

La pluridisciplinarité peut-elle être un péché solitaire ?

Germain Viatte

La question de la pluridisciplinarité du Centre Pompidou a été posée dès sa phase de programmation au début des années soixante-dix. Elle résultait de la juxtaposition de fait des missions de partenaires institutionnels internes, issus d'administrations différentes, mais était d'emblée posée dans le programme du concours d'architecture en termes théoriques et polémiques : « Cette conjonction doit permettre de faire saisir au plus grand public qu'en dépit des apparences de liberté qu'affecte la création, l'autonomie, la hiérarchie des expressions de l'art sont fictives, et qu'il existe, entre les formes actuelles et les rapports de production dans la société, un lien profond. » En appelant à « un brassage des idées et des hommes », le programme répondait au mouvement des idées du moment et à son métissage de déterminisme marxiste et de transversalité structuraliste. Mais cette cohabitation des disciplines avait été justifiée de longue date au sein même des musées, sans jamais aboutir ; elle figurait déjà, en partie, dans les propositions que Louis Hautecœur avait faites au cours des années trente pour un musée d'art moderne, et elle avait été reprise par Jean Cassou et Maurice Besset dans le programme du *Musée du XXe siècle*. Elle provoqua sans doute l'immense succès des expositions pluridisciplinaires du Centre Pompidou, réalisées à l'initiative et sous la direction de Pontus Hulten, directeur du Musée, qui reprenait là une formule engagée par Jean Cassou avec *Les Sources du XXe siècle*, en 1960.

Depuis, cette question ne cesse de réapparaître sous forme d'incantation, utilisée le plus souvent pour tenter d'opposer les deux départements constitutifs du Centre, la Bibliothèque et le Musée, alors que l'un comme l'autre peuvent et doivent, à des titres divers, être au Centre Pompidou les garants d'une interdisciplinarité vivante.

Pour sa part, le Musée s'est considérablement enrichi depuis 1977, multipliant ses collections par trois, mais aussi en diversifiant les disciplines, en juxtaposant photographie, vidéo, cinéma, design et architecture autour des catégories traditionnellement reconnues, peinture, sculpture, dessin, et en débouchant naturellement sur ce *multimédia* qui caractérise désormais une bonne part des pratiques artistiques contemporaines. Cette croissance des contenus, qui a phagocité et transformé au passage les missions du Centre de création industrielle, autorise des interrogations sur les limites du Musée, dans son étendue spatiale et dans sa chronologie, ou sur les spécialités qu'il doit illustrer. Il ne manque pas alors de conseilleurs pour suggérer, devant l'abondance, un nouveau partage des collections, et, chemin faisant, le retour à des hiérarchies traditionnelles et à des objectifs plus orthodoxes.

Le problème, en vérité, est autre. Dans un pays où l'écart s'est dramatiquement creusé, en ce qui concerne le patrimoine du XXe siècle, entre les capacités et volontés patrimoniales de l'État et celles des Régions, la collection du Musée national d'art moderne constitue en fait, avec celle du Fonds national d'art contemporain – et plus encore que celle-ci quand on connaît la réalité des collections historiques du XXe siècle en France –, le grand fonds permettant aux musées de collectivités, grâce à des dépôts et à des prêts, de présenter à travers les collections et par les expositions l'art de notre temps. Ce fonds doit témoigner, dans et hors les murs du Centre Pompidou, de son immense diversité, en tenant compte de l'incurie quasi générale dans les domaines de l'architecture et du design.

Sur place, le Musée doit-il ambitionner des espaces plus vastes encore que ceux qui lui sont promis à l'issue des travaux, qui s'achèveront pour l'an 2000 ? Il bénéficiera alors de 11 300 m2 pour les collections « permanentes », assurant la presque totalité de la programmation des expositions temporaires (8 000 m2), et occupant 4 300 m2 pour les réserves et les ateliers. Dans le domaine de l'art moderne, il apparaîtra sans doute comme le plus vaste établissement existant, sans qu'il soit nécessaire de prendre en compte nombre d'activités relevant d'autres directions du Centre, et qui seraient pourtant aujourd'hui admises dans la vocation d'un musée.

Nous pensons que la pertinence de son activité se pose moins, désormais, dans sa capacité physique de tout montrer que dans son aptitude à démontrer.

Depuis trois ans, je me suis efforcé, en créant au sein des « collections permanentes » une Galerie du Musée, de provoquer une réflexion pragmatique et diversifiée sur l'interaction des disciplines à partir de la collection. Outre le rappel de fonds monographiques qui associaient les ressources historiques et iconographiques de la Documentation (« Larionov-Gontcharova », « Victor Brauner »), ce furent des confrontations avec les arts africains (« La collection africaine d'Alberto Magnelli », « Picasso - état d'esprit »), et des transversales explorant des moments forts de la culture visuelle d'aujourd'hui (« L'esprit rationaliste des années 20 et 30 » et « La forme libre dans les années 50 »).

Cette activité, et la nécessaire mobilité qu'elle provoque (celle des œuvres, et surtout celle du regard que l'on porte sur elles), constitue, à échelle maintenant réduite, l'épreuve expérimentale d'un musée en devenir, dans la perspective de sa réouverture au 1er janvier 2000. Elle consacre une interactivité consubstantielle au Musée, qu'il nous appartient d'enrichir sans craindre d'ouvrir des portes sur les ailleurs de la culture visuelle de notre temps. Dans les perspectives économiques et culturelles qui sont les nôtres (la difficulté économique des grandes expositions se posera bientôt sur toute la planète), il faut oublier le partage traditionnel entre collections et expositions pour privilégier des mouvements internes plus souples, permettant aussi de faire appel, pour des prêts, à des partenaires extérieurs moins nombreux, susceptibles de mener avec nous une politique d'échanges concertés, ou de compléter ponctuellement nos lacunes sur des démonstrations finement ciblées.

Cette politique progressivement expérimentée, et qui s'accompagnait d'un renouvellement semestriel de l'accrochage du Musée, devait, me semble-t-il, être affirmée pour 1997, vingtième anniversaire de l'ouverture du

Centre Pompidou, mais aussi cinquantième anniversaire du Musée national d'art moderne.

Il fallait le faire, pour le bonheur du public, hors des sentiers battus de l'histoire de l'art, en se libérant du corset de la chronologie, et en proposant, par une suite de présentations complémentaires, une perception neuve de l'art de notre temps ; je souhaitais que l'on pût rechercher à cette occasion une ouverture sur la création littéraire.

Didier Ottinger, conservateur fraîchement venu du musée de l'abbaye Sainte-Croix des Sables-d'Olonne, où il avait démontré l'étendue de ses approches de l'art de notre temps, accepta de relever le défi. Son idée première, d'enfiler les perles venimeuses (et peut-être rédemptrices) des péchés capitaux, qui risquait, à première vue, de paraître incongrue, se révéla stimulante et pertinente à l'épreuve d'une exploration non conventionnelle de la collection et à la suite de multiples contacts avec les artistes ; elle suscita aussi l'adhésion d'une pléiade d'écrivains actuels. On en découvrira donc la litanie surprenante, et les commentaires, dès cet automne, et tout au long de l'année 1997, en marge d'un nouvel accrochage de nos collections que je consacrerai, avec quelque irrespect des hiérarchies admises, à l'activité des artistes en France depuis 1947, qu'ils soient français ou qu'ils aient choisi de travailler en France.

Ces « Péchés capitaux » participent ainsi du désir, si souvent exprimé depuis une vingtaine d'années, aux confins de l'histoire de l'art traditionnelle, d'établir davantage le « connaisseurship » qui la fonde sur une transversalité de l'interprétation dans les domaines de la recherche et de la sensibilité. Bénéficiant de l'irremplaçable ressource d'œuvres d'art originales, présences physiques vivantes, rétives à l'embrigadement définitif, capables de significations multiples, et même de métamorphoses, selon la muséographie qui les propose, le Musée, outil, s'il en est, de vulgarisation, a d'autant plus son rôle à jouer ici qu'il s'inscrit dans un Centre lui-même pluridisciplinaire. Ces « Péchés capitaux » associeront ainsi l'accrochage des œuvres plastiques au discours et à l'écriture par une nouvelle démarche de conciliation entre ces « sœurs rivales » décrites par Jacqueline Lichtenstein dans *La Couleur éloquente*, qui ressembleraient plutôt à « des amants désunis, hantés par le désir de retrouver l'unité d'une origine peut-être à jamais perdue, chacun cherchant dans les figures ce qui lui est nécessaire pour cesser de manquer à soi. Comme si cette absence de l'autre était à chaque fois au cœur de la représentation. »

En s'appuyant sur les imprévisibles perturbations induites par l'art contemporain, peut-être pourrons-nous conforter ainsi la belle définition que propose W. J. T. Mitchell, l'un de ses plus ardents défenseurs, pour l'interdisciplinarité de ce qu'il nomme la « culture visuelle » : une *indiscipline* qui marque « la turbulence ou l'incohérence des frontières internes ou externes aux disciplines », et qui constitue « un moment de déchirement et de rupture quand la continuité est brisée et la pratique mise en question ».

Quels que soient le prestige et l'importance d'un musée, et quelle que soit sa situation, il lui appartient de garder entière cette capacité de turbulence pour conserver son rôle de témoignage et d'éveil auprès du public •

Germain Viatte est Directeur du Musée national d'art moderne
Centre de création industrielle

Les Péchés capitaux

essai frivole de transmu tation des valeurs

Didier Ottinger

Art et morale : la question mérite-t-elle mieux qu'une dissertation de baccalauréat ?

Dans les cénacles voués à l'auscultation analytique de l'art contemporain, le problème fait sourire. Même si, de loin en loin, le claquement sec du ciseau du censeur nous rappelle l'actualité du débat, la question est renvoyée aux brumes médiévales. Pourtant, la polémique fait rage. À Cincinnati, on juge l'Institut d'art contemporain coupable d'avoir présenté les photographies de Robert Mappelthorpe ; à Clermont-Ferrand, on éloigne *L'Origine du monde* des rayons d'un libraire.

Les experts convoqués au procès du photographe américain, éduqués à l'école du plus strict formalisme, argumentent leur défense de la liberté de l'art en présentant des scènes du plus violent érotisme comme des « images centrées, très symétriques, (des) compositions classiques très ordonnées[1] ». Du côté des forces du « progrès social » souffle le vent d'un autre moralisme.

Sous la bannière du « politiquement correct », c'est Mozart qu'on assassine ! (celui, évidemment, égoïste et jouisseur campé par Milos Forman). Les féministes américaines s'en prennent au peintre David Salle coupable, à leurs yeux, de peindre de la femme une image humiliante. À la bibliothèque du Congrès de Washington, l'exposition « Derrière la maison des maîtres », consacrée à l'esclavage, est annulée après des plaintes des employés de l'institution à majorité noire qui la jugent « raciste ». L'art, incontestablement, est encore dans le collimateur des pères (et mères) la vertu.

Loin de ces débats d'un autre âge, les esthéticiens modernistes se rient des vertueux, gloussent à propos des moralistes. Ceux qu'Arthur Danto nomme les « kantiens

1- Cité par Arthur Danto, *Après la fin de l'art*, Paris, Le Seuil, 1995, p. 233.

arrogants » ont fait de « l'autonomie des sphères de valeur » leur confiteor. Le seul art qui, à leurs yeux, mérite d'être appelé « moderne » a gagné son combat devant l'histoire, en se dépouillant de ses hardes morales et politiques. De réduction moderniste en autodéfinition formaliste, il a conquis cette nudité ontologique qui, au milieu des années soixante, l'a conduit à n'être plus que lui-même, rien que lui-même, seulement lui-même. Pour les gardiens du temple moderniste, la qualité d'une œuvre s'évalue inversement proportionnellement à son degré « d'impureté » (entendons à son degré de collusion avec l'éthique ou le politique). Le triomphe de Manet fut de rendre le tableau muet après des siècles d'académisme bavard. L'erreur de Picasso fut d'avoir voulu peindre les *Massacres de Corée*.

Modernité et immoralisme

À la modernité formaliste, dont l'origine se confond avec la disparition d'un sens extrinsèque au tableau lui-même, peut en être substituée une autre où se dessine le conflit d'un dualisme moral. Cette généalogie alternative fait de Goya le fondateur de sa modernité.

Malraux a daté cette naissance d'une autre peinture moderne du moment où, sous le pinceau de l'artiste espagnol, se dissocient les notions d'art et de beauté.

La beauté, telle que l'histoire des formes l'a léguée au sens commun, est indissociable d'une anthropométrie. Elle réside dans une quête de proportions harmoniques, appliquées à la représentation humaine. C'est à la définition de ses lois, à l'observation de leur respect, que se sont vouées les académies modernes (académie qui confond dans son sens ce canon de la beauté et l'instance qui la légifère). Cette beauté-là est la première des cibles de Goya. Avec sa série de gravures des *Caprices,* il s'approprie la puissance transgressive de la caricature. « Ce n'est pas leur style qui le touche, c'est l'existence de la caricature même, l'existence d'un monde qui, par nature, échappe aux lois de l'art[2] » diagnostique André Malraux, tant il lui semble évident que beauté physionomique et « lois de l'art » se confondent. La subversion de la caricature ne tient pas seulement aux déformations qu'elle produit. Malraux précise qu'elle est « un art à deux dimensions comme les arts anticlassiques[3] ». Elle transgresse radicalement normes et règles de la représentation classique. La caricature n'est pour Goya qu'une étape dans l'assaut qu'il mène contre la « beauté » classique. Dans une planche des *Désastres de la guerre* (Grande prouesse ! contre des morts !), il pend aux branches d'un arbre les fragments anatomiques de suppliciés démembrés. Cette explosion des physionomies métaphorise celle de l'esthétique à laquelle il s'attaque. Malraux rend compte de ce saccage : « Pour détruire, non seulement ce réel, mais encore le style dont il prétend se magnifier, Goya, par le système de correspondance et d'allusions [...], transforme en dissonance chacun des accords essentiels sur quoi se fondait l'ordre du monde[4]. » L'ordre du monde « d'avant Goya » est celui d'une beauté que réglemente l'esprit de mesure. Il ne résistera pas à l'apparition des monstres que génère son pinceau. Les tableaux du peintre espagnol se peuplent des Géants, Colosse ou Saturne, qui sont autant de défis à toutes les tentatives de réduction arithmétique des corps.

Plus violente que la caricature, plus bouleversante que la démesure, est l'animalisation à laquelle Goya soumet l'image de l'homme.

2- A. Malraux, *Saturne*, Paris, Gallimard, 1950, p. 39.
3- *Ibid.*, p. 54.
4- *Ibid.*, p. 141.

Les *Caprices* développent à l'infini les métamorphoses animales de l'humanité. Les têtes d'ânes prolifèrent sur des corps de moines, les douairières se métamorphosent en chouettes. Dans une série de dessins consacrés aux miroirs, le peintre achève la déstabilisation, l'altération de toutes les « lois de l'art ». L'art, en l'espèce du miroir, ne renvoie plus à celui qui s'y contemple que le spectacle de sa nature honteuse, singe pour l'un, chat pour l'autre, grenouille pour le troisième.

Goya explore l'image de l'homme au-delà du masque des conventions artistiques et sociales. Il traque les moments de violence et d'intensité où l'âme exaltée brise les carcans et les masques imposés par l'esprit de mesure. Dans les rares nus de Goya, André Malraux percevait le frémissement de ces états limites : « L'érotisation du nu n'est pas d'un faible enseignement pour qui veut comprendre l'art d'alors. Goya en joue rarement, la dépasse, invente l'animalisation[5]. »

Il est des moyens plus radicaux encore que l'érotisme pour faire sortir d'elle-même une humanité corsetée par la raison. La folie est de ceux-là. Avant Géricault, au nom d'une quête analogue, Goya peint les fous et les folles qui croupissent dans les asiles *(Le Préau des fous)*, ou s'abandonnent au délire de cérémonies sataniques.

Avant Goya, l'art a connu des images qui disent l'excès et la démesure. Les temples de la Grèce antique s'ornaient de scènes de gigantomachies, de centaures ou d'amazones, d'allégories d'un Orient sensuel et barbare. Le temple de Zeus à Olympie gronde du fracas des combats entre Centaures et Lapithes. Les monstres ne sont là, toutefois, que pour symboliser le chaos et l'*hybris* que maîtrise Apollon. Le génie grec s'affirme tout d'ordre et de mesure. Il se plaît à figurer les puissances obscures qu'il a su contenir. Les mythes

5- *Ibid.*, p. 66

relatent l'anéantissement des puissances titaniques, des créatures hybrides. La démesure, l'excès sont partout reconnus comme un en deçà de l'art et de la civilisation. La beauté n'était pas « le premier degré du terrible », ainsi que le pense Rilke, mais bien au contraire « la fin des monstres et la fuite des démons » analyse Villard[6].

L'art classique n'existe que par son aptitude à figer sous le regard de la raison les démons et les monstres. La règle, le compas sont les remparts les plus efficaces inventés par les artistes grecs pour maîtriser les déchaînements de l'*hybris*. « [...] La notion même de l'art classique semble liée à l'esprit de ces Grecs qui prônaient par-dessus tout le sens de la mesure » écrit encore Villard[7]. Goya rompt avec cette beauté, fille de l'arithmétique. Il libère pour l'art moderne la cohorte infinie des démons et des monstres.

L'art en excès

Georges Bataille définit la modernité comme une lettre avec les formes stables et idéalistes de l'académie. De l'anthropologie à l'ethnologie, il traque les images qui témoignent de la transgression de la beauté classique. Il étudie les monnaies gauloises à la surface desquelles se déploie le libre jeu des formes, la désarticulation joyeuse des modèles helléniques. « Les absurdités des peuples barbares sont en contradiction avec les arrogances scientifiques, les cauchemars avec les traces géométriques, les chevaux-monstres imaginés en Gaule avec le cheval académique[8]. »

6- F. Villard, *Grèce classique,* Paris, Gallimard, 1969, coll. « L'univers des formes », p. 289.
7- *Ibid.,* p. 9.
8- G. Bataille, « Le cheval académique », in *Œuvres complètes,* tome 1, 1922-1940, Paris, Gallimard, 1970, p. 161.

Sur les intailles gnostiques, il découvre un peuple d'hommes oiseaux, de prêtres à tête d'âne, d'archontes obscènes, dans lequel il lit un « sinistre amour des ténèbres », les formes nées d'un « goût monstrueux[9] ». Bataille consacre une étude, « Les écarts de la nature », à la tératologie qui passionne la science comme la curiosité des chalands de fêtes foraines. Ailleurs, il n'hésite pas à court-circuiter formes « basses » et « élevées », pour mettre en lumière la puissance corruptrice du monde caricatural des *Pieds nickelés*. Il inverse les hiérarchies convenues, pour faire de l'art primitif une forme de jeu sacré, visant à l'altération des objets qu'il appréhende. « Le terme d'altération a le double intérêt d'exprimer une décomposition partielle analogue à celle des cadavres et, en même temps, le passage à un état parfaitement hétérogène correspondant à ce que le professeur protestant Otto appelle le *tout autre*, c'est-à-dire le sacré[10]. »

Au démantèlement de l'anthropomorphisme classique auquel procède Goya dans ses *Désastres*, répond la fascination de Bataille pour le supplice chinois des « cent morceaux ». L'écrivain décrit avec minutie cette mise en pièces littérale des corps. Il la traque, des sacrifices humains des sociétés mayas à l'automutilation de Van Gogh.

À l'Apollon régulateur, mesure et métreur du monde, il substitue la figure menaçante de l'indienne Khâli : « Déesse de l'épouvante, de la destruction, de la nuit et du chaos [...] patronne du choléra, des cimetières, des voleurs et des prostituées[11]. »

Si Bataille se voue à l'apologie de la destruction, de l'altération de l'image mathématique et classique de l'homme, c'est qu'il voit en elle le travail le plus accompli de la modernité. C'est cette décomposition à laquelle il assiste devant

9- « Le bas matérialisme de la gnose », in *OC, ibid.*, p. 224.
10- « L'art primitif », in *OC, ibid.*, p. 251.
11- *Ibid.*, p. 244.

les tableaux de Picasso. Il n'hésite pas à dire que « les peintures de Picasso sont hideuses[12] » ; hideuses, comme le sont pour Malraux les peintures de Goya, vouées les unes comme les autres à bouleverser les formes nées de l'académisme.

Tutu

Existe-t-il des liens entre la morale et la transgression formelle qui, pour Bataille et Malraux, fait la modernité ?

L'un et l'autre nous mettent sur la piste d'une telle accointance. Malraux évoquant le *Tres de Mayo* peint par Goya déclare qu'il « était peint pour des siècles, en face du sacre de Napoléon[13] ». Il l'était, non seulement pour son iconographie, qui dresse en face de la pompe impériale l'image d'une répression inique et violente ; il l'était, plus fondamentalement, par la violence déchaînée qu'il opposait à la chorégraphie parfaitement réglée du couronnement impérial. Il l'était, plus sûrement encore, par ces visages que bouleverse une frayeur animale, peints pour répondre aux traits régulés par la mesure académique des dignitaires du Sacre. Les fusiliers de Goya doivent leur forme à la caricature, autant qu'aux exercices d'animalisation des dessins, des miroirs. Ils se veulent des injures au canons de l'académisme, des insultes aux normes de la « beauté moyenne ».

Les légendes de l'Antiquité font de la beauté idéale une synthèse de perfections partielles. « [...] vingt visages médiocres composent un beau visage et l'on obtient sans difficulté des figures dont les proportions sont très voisines de celles de l'*Hermès* de Praxitèle[14]. » En regard de cette beauté synthétique, Georges Bataille constate que « chaque forme individuelle échappe à cette commune mesure et, à

12- « Le jeu lugubre », in *OC, ibid.*, p. 213.
13- A. Malraux, *Saturne*, Paris, Gallimard, 1950, p. 116.
14- « Les écarts de la nature », in *OC, op. cit.*, p. 230.

quelque degré, est un monstre[15] ». De Malraux à Bataille se dessine une modernité placée sous l'égide d'une monstruosité, qui n'est autre qu'une hyperbole de la singularité. Toujours, dans l'histoire des formes, cette affirmation du *principium individualis* s'est voulue une riposte aux baudruches désincarnées nées des spéculations abstraites. C'est celle des masques grimaçants que Goya oppose aux figures académiques de David et de ses élèves. C'est celle de la « bestialité » d'Olympia (une « guenon » disaient ses contempteurs) que Manet peint face aux poupées gonflables de Bouguereau et Cabanel. C'est celle enfin des faciès « dégénérés », peints en riposte aux « surhommes » des « académies » staliniennes, mussoliniennes ou nazies.

Le combat contre les formes de la « beauté » (entendons de la beauté académique) est rivé au cœur de la modernité. Cet aspect de l'art moderne s'impose avec tant d'autorité qu'il conduit au mépris d'un classicisme qui, pourtant, pendant les années vingt et trente, s'est voulu une alternative humaniste à la montée de la barbarie.

La « laideur » peinte par Goya est aussi un refus de voir l'humanité réduite à la seule dimension de sa rationalité. Comme le romantisme, la modernité de Malraux, celle de Bataille se veulent des entreprises déterminées à lutter contre la sécularisation caractéristique des « temps modernes ».

La transgression des lois esthétiques et morales devient pour l'art le moyen de renouer avec un « sacré » que refoulent une sécularisation, un fonctionnalisme généralisé. Malraux voit poindre cette aspiration chez Goya. « Son guide, c'est l'instinct que tout sacré (car ce qu'il [Goya] oppose à la beauté, qu'il le sache ou non, c'est bien le sacré) repose sur la conscience de l'autre monde. Qu'il est caché par l'acharnement de l'humanité à coordonner le monde à sa mesure[16] ».

15- « Les écarts de la nature », in *OC, ibid.*, p. 230.
16- A. Malraux, *op. cit.*, p.154.

Cet « autre monde », celui de la folie, de l'animalité, de la sorcellerie, de cette transgression des interdits qui est la condition nécessaire à l'existence du sacré, se confond avec l'empire du mal.

Le mal

Georges Bataille a vu dans l'attrait de l'art pour le mal une forme profane des rituels transgressifs propres aux sociétés primitives. Les études de Marcel Mauss sur ce sujet ont largement nourri sa réflexion. Dans ses cours, l'ethnologue analysait la genèse, le sens du sacré dans les cultures archaïques. Il démontrait la nature consubstantielle de la sacralisation et de la transgression.

Bataille, écrivant que : « La loi dans *Wuthering Heights,* comme dans la tragédie grecque, n'est pas en elle-même dénoncée, mais ce qu'elle interdit n'est pas un domaine où l'homme n'a rien à faire. Le domaine interdit est le domaine tragique, ou mieux, c'est le domaine sacré. Il est vrai, l'humanité l'exclut mais pour le magnifier. L'interdit divise ce dont il défend l'accès[17] », réinterprète pour l'art, et pour son temps, les leçons de Marcel Mauss.

Le mal, tel que le conçoit Bataille, ne saurait se penser sans un travail sur les formes elles-mêmes. Le mal en œuvre dilate jusqu'à l'explosion les limites établies par la raison. C'est William Blake, dont les « œuvres (ses écrits, ses peintures) ont un caractère de déséquilibre. Elles étonnent par leur indifférence aux règles communes[18] ». C'est Emily Brönte qui se plaît à décrire une « effusion sexuelle (qui) est la négation de l'isolement du *moi*, qui ne connaît la pâmoison qu'en s'excédant, qu'en se dépassant dans l'étreinte où la

17- G. Bataille « E. Brönte », in *La Littérature et le Mal,* Paris, Gallimard, 1994, coll. « Folio », p. 17.
18- « William Blake », *ibid.*, p. 60.

solitude de l'être se perd[19] ». C'est évidemment Sade, qui ne conçoit l'érotisme que comme un « déchaînement », qui « donna l'expression raisonnée à ces mouvements incontrôlables, sur la négation desquels la conscience a fondé l'édifice social – et l'image de l'homme[20] ».

Le Mal, pour Bataille, existe par son opposition raisonnée à un « Bien » qui « se fonde sur le souci de l'intérêt commun, qui implique, d'une manière essentielle, la considération de l'avenir[21] ».

L'art oppose une résistance têtue à tous ceux qui veulent l'embrigadement dans les rangs de l'utilitarisme. Baudelaire, déclarant qu'« Être un homme utile (lui) a toujours paru quelque chose de bien hideux[22] », signe son pacte avec ce mal, farouchement irréductible aux idéologies messianiques.

Kafka partage avec Baudelaire cette « souveraineté enfantine » qui le rend sourd au chant des sirènes des lendemains qui chantent. Dans un article de 1950, « Franz Kafka devant la critique communiste[23] », Bataille analyse « l'hostilité » des intellectuels communistes à l'endroit de l'écrivain. L'anathème dont est victime Kafka ne tient qu'à son obsession de « ne pas avoir l'efficacité du pouvoir, qui est action, primat de l'avenir sur le moment présent, primat de la terre promise[24] ». La condamnation de Kafka n'est qu'un épisode un peu caricatural du conflit qui oppose l'art voué au « mal » de l'excès, de l'inutilité, et les penseurs prophétiques, irrésolus à le voir refuser de s'envoler sous la bannière de l'efficacité et de l'avenir.

19- « Emily Brönte », *ibid.*, p. 13.
20- « Sade », *ibid.*, p. 91.
21- « Emily Brönte », *ibid.*, pp. 17-18.
22- « Baudelaire », *ibid.*, p. 42.
23- G. Bataille, « Franz Kafka devant la critique communiste », *Critique* , n° 41, oct. 1950, pp. 22-36.
24- « Kafka », in *La Littérature et le Mal*, *op. cit.*, p. 116.

Péchés capitaux

Si la religion artistique du mal possède, avec Baudelaire, Proust ou Kafka, ses évêques et ses cardinaux, elle a aussi ses vicaires et ses bedaux. Ces derniers ignorent les grands sabbats où virevoltent les sorcières lubriques, ne connaissent rien des potlatchs sanguinaires, des hécatombes mythiques. L'abandon aux péchés capitaux est un mal qui suffit à la souveraineté de leur principauté.

Eugène Sue est de ceux-là qui, en 1848, publie en seize volumes une véritable saga du péché. Dans ses *Sept Péchés capitaux*[25], il crée les allégories réelles de chacun des péchés, les projette dans la société de son temps, suit et rapporte les débats qu'ils instaurent avec leurs contemporains. Chacune de ces figures, par la parole et l'action, se veut le chantre du mal qu'elle a pour fonction d'incarner. Loin des anciens traités d'iconologie qui faisaient de la Paresse « une vieille femme nonchalamment assise sur une pierre, s'appuyant la tête sur la main gauche[26] », Eugène Sue donne à la Paresse les traits de Florence de Luceval, une jeune femme d'à peine dix-sept ans : « Blanche et rose, avec de beaux cheveux blonds. Quoique d'une taille svelte et élancée, la jeune femme est un peu grosse ; mais ce léger embonpoint est si merveilleusement réparti qu'il devient un nouvel attrait[27]. »

La révolution esthétique qu'opère Eugène Sue dans l'iconologie classique est le prélude à une révolution morale. L'héroïne de Sue annonce cette transmutation des valeurs qui est le sens ultime de l'ouvrage qui lui a donné vie : « Mon défaut a pris des proportions incroyables. Si incroyables qu'il est devenu presque une qualité[28]. »

25- E. Sue, *Les Sept Péchés capitaux*, Paris, Éd. Pétion, 1848-1849, 16 vol.
26- C. Ripa, *Iconologie,* Paris, 1644, NewYork, Graveland Publishing, 1976.
27- E. Sue, *op. cit.,* note 23, p. 1.
28- *Ibid.,* p. 26.

Florence de Luceval fait de sa paresse la raison principale de sa moralité exemplaire. « Un amant ! juste ciel ! que de fatigue ![29] » « Voilà [...] où ça conduit l'amour ! jamais de repos, toujours sur le qui-vive, l'oreille au aguets, l'œil inquiet, le cœur palpitant, rôder, ruser, épier sans cesse [...] et les séances dans la rue à l'affût d'un signal, par la pluie et par la neige [...] Ah ! que de peine ! que de fatigue ![30] » Prêchée par l'attitude exemplaire de son héroïne, la Paresse devient pour Eugène Sue le prétexte à toutes les vertus. « Nous sommes trop religieusement paresseux pour être glorieux, ambitieux ou cupides pour rechercher le fardeau du luxe ou les fatigues du monde et de ses fêtes[31]. »

Pour assurer à ses romans le succès populaire qui est aussi leur fin, Sue fait vivre une idylle amoureuse à Florence de Luceval. Elle rencontre Michel Renard, un paresseux de sa trempe. Ensemble, ils s'établissent sur les hauteurs de Hyères et, là, bâtissent une maison. Leur ardeur est alors aussi paradoxale que spectaculaire. « [...] on ne sait pas de quels travaux énormes est capable un paresseux bien déterminé à pouvoir paresser un jour[32]. » Ce n'est qu'après avoir travaillé « comme des lions » que les deux paresseux jouissent enfin du bonheur de ne presque rien avoir à faire, si ce n'est « à rêver, à lire, à s'aimer, à causer, à regarder le ciel, les arbres, les eaux, les plaines et les montagnes du bon dieu [...][33] ».

La Gourmandise, incarnée au XVIIe siècle dans une figure féminine « à col de grue pour goûter plus longtemps et plus délicieusement le vin et les viandes[34] » a, pour Eugène Sue, les traits de Don Diego, un chanoine bonhomme, tiraillé entre les plaisirs et la mauvaise conscience que lui inspire sa gourmandise. Un docteur du nom de Grasterini se

29- *Ibid.*, p. 37.
30- *Ibid.*, p. 96.
31- *Ibid.*, p. 98.
32- *Ibid.*, p. 102.
33- *Ibid.*, p. 98.
34- C. Ripa, *op. cit.*, note 24.

donne pour mission de résoudre ce dilemme. « Vous voulez, en un mot, docteur, me prouver que la Gourmandise est une passion noble, sublime, n'est-ce pas[35] ? » Noble, sublime, mais aussi patriotique. « [...] Sans nos colonies, nous n'aurions pas de marine marchande, et sans marine marchande point de marine de guerre [...], eh bien si les gouvernements ne connaissaient pas toutes ces excellentes choses dont vous voyez ici les échantillons : sucre, café, vanille, girofle, cannelle, gingembre, riz, pistache, muscade, poivre de cayenne, liqueurs des îles, achards des Indes, etc., que deviendraient, je vous le demande, nos colonies, c'est-à-dire notre puissance maritime[36] ? » La morale comme la politique trouve son compte à la libre expression du péché de gourmandise. Le bon docteur Grasterini suggère de placer dans les meilleurs restaurants un tronc marqué de l'inscription : « Pour ceux qui ont faim », et le docteur d'ajouter : « [...] l'homme le plus égoïste, qui a dépensé un Louis ou plus à son dîner, éprouve, malgré lui, un ressentiment pénible et une sorte de déboire amer à l'aspect de ceux qui souffrent. Une généreuse aumône l'absoudrait à ses propres yeux ; et, du point de vue hygiénique, cher chanoine, ce petit acte de charité lui rendrait vraiment la digestion délicieuse[37] », en concluant « qu'en étant gourmand vous accomplissez une mission hautement philantropique, civilisatrice et politique[38] ». Par le déploiement de cette rhétorique spécieuse, le docteur Grasterini achève de réconcilier Don Diego avec sa gourmandise. Ainsi en va-t-il de chacun des péchés dont Eugène Sue se plaît à retrousser la malice en vertu.

Après le nouvelliste, c'est au tour du poète de chanter les louanges des péchés capitaux. En 1900, le gra-

35- E. Sue, *op. cit.*, p. 281.
36- *Ibid.*, p. 350.
37- *Ibid.*, p. 367.
38- *Ibid.*, p. 331.

veur symboliste Henry Detouche rassemble autour de ses planches les odes de sept poètes[39]. Pour bien affirmer que l'ouvrage qu'il a initié n'a rien d'un catéchisme, Henry Detouche précise ses intentions : « Les sept péchés capitaux sont à l'âme humaine ce que les sept couleurs du prisme sont à la lumière. L'Orgueil est la conscience légitimée de notre valeur. C'est par la Luxure que s'opère la reproduction des êtres et la perpétuité de l'espèce. L'Avarice est l'exercice d'une volonté résistant aux tentations des sens. L'Envie est un stimulant. La Colère, c'est l'indignation exaspérée. La Gourmandise nous permet d'apprécier la saveur de toute chose et de jouir de ce que la nature distille de meilleur dans son inépuisable alambic. La Paresse enfin, c'est le repos bien gagné souvent, ou la conscience profonde de l'inutilité de l'effort dans notre court séjour ici-bas[40]. »

C'est autour d'un ensemble de gravures de Marc Chagall, cette fois, qu'en 1921 se trouvent rassemblés des textes consacrés aux péchés capitaux. Jean Giraudoux, Paul Morand, Pierre Mac Orlan, André Salmon, Max Jacob, Jacques de Lacretelle, Joseph Kessel se livrent à leur tour à l'apologie du mal.

Le genre de la transmutation littéraire des valeurs retrouve des accents connus. Kessel voit dans la Paresse : « La mère gigogne de toutes les vertus : de l'abstinence, du désintéressement, de la réflexion, de l'humilité[41]. »

Jacques de Lacretelle fait de leur aptitude à l'emportement colérique le signe distinctif des prophètes :

39- *Les Sept Péchés capitaux,* gravures de Henry Detouche, poèmes de Edmond Harancourt, Jules de Marthold, Francis de Croisset, Marc Legrand, Émile Verhaeren, Henri de Regnier, André Fontainas, Paris, Boudet ed., Librairie artistique, 1900 (175 ex. numérotés).

40- H. Detouche, *ibid.,* préface non paginée, oct. 1899.

41- J. Kessel, « La paresse », in *Les Sept Péchés capitaux,* Argenteuil, Éd. Coulouma, 1921, eaux-fortes de Marc Chagall, p.165 (300 ex.) ; deuxième édition, Paris, Éd. Kra, 1929.

« Pas de maîtres sans colère ». Qu'on se rappelle les fameux emportements d'Alexandre et de Napoléon. « Et non seulement les guerriers, mais voyez les Richelieu, les Colbert, les Luther, les rangez-vous parmi les lymphatiques ? [...] C'est la colère du prophète et celle du juste qui règlent la marche du monde[42]. » Jésus lui-même est présenté comme celui qui chasse à coups de fouet les marchands du temple, harcèle les pharisiens de ses insultes. Lacretelle parvient à cette conclusion qui aurait, sans doute, scandalisé les pères de l'Église : « Le christianisme est né de la Colère[43]. »

Paul Morand éprouve quelques difficultés à remplir sa mission d'apologue de l'Avarice. Pour assumer sa tâche, l'Avarice qui lui incombe devient-elle une vertu toute française : « L'Avarice est un vice logique. C'est le fils naturel de la claire raison française. On commence par la mesure – alors qu'il faudrait finir par là – et l'Avarice suit[44]. »

La France serait-elle la patrie des pécheurs invétérés ? Max Jacob en appelle au verdict des érudits : « La France, disait Monsieur Tisserand, qui est savant en tout, est le paradis des gourmands[45]. » Endossant l'habit du confesseur, le poète absout Madame de la Chafrie, une pécheresse imaginaire : « Vous êtes trop une "gourmande" pour être incriminée du péché de gourmandise. Je veux dire que la Gourmandise est votre nature et non votre passion [...]. Eh bien, Dieu la bénit, cette Gourmandise[46]. »

42- J. de Lacretelle, « La colère », *ibid.*, note 38, p. 160.
43- *Ibid.*, p. 161.
44- P. Morand, « L'avarice », *ibid.*, p. 46.
45- Max Jacob, « La gourmandise », *ibid.*, p. 138.
46- *Ibid.*, p. 126.

Paresse

Parmi les péchés capitaux, la Paresse est celui que les artistes revendiquent avec le plus d'ardeur. Cette prééminence est due, n'en doutons pas, à son statut proverbial de « mère de tous les vices ». La Paresse a conquis de longue date ses lettres de noblesse ; les bibliothèques sont encombrées du nombre de ses éloges. Parmi ceux-ci, l'opuscule de Paul Lafargue occupe une place myhique. Karl Marx a vu éclore au sein de sa propre famille (Lafargue épouse en 1868 la seconde fille de l'auteur du *Capital*) l'œuf du serpent le plus nocif à son idéologie. En 1883, pendant son incarcération à la prison de Sainte-Pélagie pour motif d'agitation politique, Lafargue rédige le *Droit à la paresse,* bientôt devenu le bréviaire du militantisme paresseux. Sapant à la base la théorie de Marx, basée sur la production laborieuse, Lafargue s'exaspère : « Et dire que les fils des héros de la Terreur se sont laissés dégrader par la religion du travail au point d'accepter après 1848, comme une conquête révolutionnaire, la loi qui limitait à douze heures le travail dans les fabriques ; ils proclamaient comme un principe révolutionnaire le "droit au travail". Honte au prolétariat français[47] ! » Dans son apologie de la paresse, Lafargue mêle hargne révolutionnaire et érudition classique : « Les Grecs de la grande époque n'avaient, eux aussi, que du mépris pour le travail : aux esclaves seuls il était permis de travailler[48] », et culture biblique : « Jéhovah, le dieu barbu et rébarbatif, donna à ses adorateurs le suprême exemple de la paresse idéale ; après six jours de travail, il se reposa pour l'éternité[49]. » Le *Droit à la paresse* semble avoir pour cible le capitalisme naissant, qui « prend pour idéal de réduire le producteur [...] au rôle de machine délivrant du

47- P. Lafargue, *Droit à la paresse,* Paris, Éd. Mille et une nuits, 1994, p. 16.
48- *Ibid.,* p. 12.
49- *Ibid.,* p. 13.

travail sans trêve ni merci[50] ». Le succès durable du texte de Lafargue est la preuve qu'il atteint un plus large objectif. Sa critique renvoie dos à dos systèmes communiste et capitaliste, incapables, l'un comme l'autre, de concevoir une humanité autre que laborieuse.

Un témoin direct de la révolution russe, Kazimir Malevitch, blâme son allégeance à la religion du travail. « [...] la malédiction jetée par Dieu sur les hommes avec le travail reçoit dans les systèmes socialistes la plus haute bénédiction[51]. » Pour le peintre, la seule perspective révolutionnaire qui vaille est la promesse d'une paresse démocratique : « [...] la classe des capitalistes s'est [...] affranchie de ce travail dont l'humanité toute entière doit s'affranchir[52]. » Cette paresse ne saurait, toutefois, se confondre avec l'inaction. La libération du travail doit, pour Malevitch, conduire à une activité supérieure, vouée à la spéculation pure. L'art ressortit de cette « paresse » idéale. Pas n'importe quel art toutefois. Malevitch, avant l'heure, prône un art « conceptuel », un art définitivement débarrassé des contraintes de la *techné*. Cet art, il le professe à l'Unovis (affirmation des nouvelles formes de l'art), école qu'il dirige à Vitebsk en cette année 1921, où il rédige son éloge, *La Paresse comme vérité effective de l'homme*. La « paresse » de Malevitch, cet art réduit à la pure spéculation, découle du suprématisme qu'il prêche depuis son manifeste de 1918.

L'urgence dont il témoigne à dénoncer l'idéologie du travail est le fruit d'une double menace. Du côté de l'avant-garde constructiviste, Popova, à l'occasion de l'exposition « 5 x 5 = 25 » (Moscou, sept. 1921), lance un appel à l'application pratique, productiviste du savoir-faire artistique. Du côté de l'idéologie politique, l'AKHRR (Association

50- *Ibid.*, p. 8.
51- K. Malevitch, *La Paresse comme vérité effective de l'homme*, Paris Éd. Allia, 1995, p. 14.
52- *Ibid.*, p. 17.

des artistes de la Russie révolutionnaire) développe la théorie d'un « réalisme héroïque », qui annonce un « réalisme socialiste » qui, bientôt, ne concevra plus le peintre que comme l'imagier de la geste révolutionnaire, ou l'iconographe du culte stalinien. La « paresse » que prône Malevitch ne vise qu'à sauver la dignité, la souveraine inutilité d'un art que menace d'asphyxie l'idéologie de l'utilitarisme social et politique.

La « paresse » de Marcel Duchamp est moins historicisée. Elle s'enseigne, entre autres, par une rigoureuse discipline quotidienne. Denis de Rougemont est, un moment, témoin de ce « yoga » duchampien. « De ma table de travail, par la porte ouverte, je vois une partie de sa chambre. Duchamp est allongé sur son lit, son petit échiquier dans une main, sa pipe dans l'autre. "L'impossibilité du faire" [....] Il travaille "cinq minutes au plus" à des collages délicats – les reproductions de ses œuvres destinées à sa *Boîte-en-valise* – et puis s'étend, ne fait rien, fume un peu, reprend ses échecs[53]. »

Les notes éparses, les projets d'œuvres (peut-être) consignés par Duchamp, témoignent de la constance de sa paresse. Dans le genre homéopathique : « Habitants de l'inframince fainéants[54]. » Dans le registre social : « Hospice des grands paresseux. Orphelinat des petits paresseux. » Façon pariétale : « Sur la paroi parée de paresse de paroisse. » Ferroviaire enfin : « Faut-il réagir contre la paresse des voies ferrées entre deux passages de trains[55] ? »

C'est, toutefois, en l'espèce du readymade que Marcel Duchamp érigea à la Paresse son monument définitif.

53- D. de Rougemont, « Marcel Duchamp mine de rien », *Preuve*, n° 204, fév. 1968, p. 45.

54- M. Duchamp, *Notes*, Paris, Éditions du Centre Pompidou, 1980 (non paginé), note 34.

55- *Ibid.*, notes 252, 264.

Le porte-bouteille, l'urinoir et les quelques rares objets qu'il a voulu distinguer au sein de la quincaillerie moderne chantent pour l'éternité les louanges d'une « création » on ne peut plus ténue. Point de savoir-faire, point d'investissement affectif ou symbolique, mais un coup d'œil, au plus, qui suffit à faire naître des œuvres. Leur sens, souvent, s'est trouvé associé à la revendication d'un art qui ne serait que de matière grise, un art qui dénie savoir-faire, technique, prouesses de la main : travail.

La « paresse » des readymade, leur pure intellectualité, est une réponse à la bêtise des peintres : Duchamp l'a voulu ainsi. Elle est plus fondamentalement, peut-être, une réponse à l'américanisation, au progrès matériel et technique de son temps. « [...] Tout l'effort de l'avenir sera d'inventer, par réaction à ce qui se passe maintenant, le silence, la lenteur et la solitude[56] » déclare Duchamp à Denis de Rougemont.

De là, vient aussi le succès durable de la formule du « déjà fait » après la Seconde Guerre mondiale. Face à l'athlétisme dont témoignent les œuvres de l'*action painting,* face à l'activisme industrieux des artistes du pop'art (Warhol ne transforme-t-il pas son atelier en *factory ?*), le readymade et sa paresse consubstantielle apparaissent comme le dernier bastion des résistants à l'énergique américanisation. Dans les années vingt, Joseph Kessel, à l'occasion d'un voyage aux États-Unis, avait tenu à témoigner : « Du moins connûmes-nous à peu près la vie américaine. Triste vie ! Pauvres gens ! Ah, ceux-là ne connaissent point la honteuse paresse. Quelle effroyable, quelle horrible énergie ! Il semble que chaque hommme, chaque femme, ait dans le corps un moteur dont il faut, coûte que coûte, épuiser les chevaux[57]. »

56 *Ibid.,* note 49.
57 *Ibid.,* note 38.

Colère

Si la paresse est une forme de résistance au culte du travail et de la production, la consumation destructrice des biens en est une contestation non moins efficace. Marcel Mauss a longuement décrit les potlatchs, ces cérémonies de destruction de leurs propres biens, par lesquelles les chefs des tribus amérindiennes assuraient leur pouvoir. Bataille avait vu dans cette « dépense » aristocratique la forme la plus manifeste d'une « souveraineté » affirmant son mépris pour toute entreprise d'accumulation de biens et de richesses. Les révolutions ont toujours affirmé leur pouvoir par des hécatombes, des bûchers où elles consumaient les biens de l'ordre qu'elles niaient. Leurs héritières, les avant-gardes artistiques, à l'instar du futurisme, ont fantasmé l'incendie des musées.

Arman appartient à cette culture de la table rase. Il nomme « colère » le déchaînement de sa rage avant-gardiste. Ses premières fureurs publiques, soigneusement enregistrées, témoignent du rôle qu'il attribue au geste même de la violence destructrice. Devant les caméras de la télévision américaine, il mit en pièces d'innocentes contrebasses. Innocentes à demi, il est vrai, tant l'objet porte en lui de symboles d'une culture précieuse et policée. « [...] C'est lors du premier festival du Nouveau Réalisme, en juillet 1961 à Nice, qu'il effectue sa colère la plus spectaculaire et la plus symbolique », note Pierre Cabane[58], en s'attaquant à des meubles Henri II, objets cultes de la bourgeoisie. En août 1962 à Gstaad, en public à nouveau, il massacre à la masse un piano de concert. Devant public et caméras encore, le 5 avril 1975, à la galerie John Gibson de New York, il vandalise l'intérieur emblématique de la petite bourgeoisie américaine. Comme Arman est un artiste, et en cela différent d'un voyou, ses violons

58- P. Cabane, *Arman*, Paris, Éditions de La Différence, 1993, p. 19.

et violoncelles pulvérisés sont rapprochés des tableaux, des collages cubistes. Cette lecture apaisante des *Colères* ne pourrait-elle pas être retournée comme un gant, et faire que la rage, la violence d'Arman éclairent en retour les œuvres de Braque et Picasso ? Plutôt que de voir dans les guitares et violoncelles cubistes une étape raisonnée vers la peinture abstraite, on y verrait alors « l'informe » même à l'œuvre : le saccage iconoclaste des images figées et harmonieuses du monde. En somme, la modernité comme colère déchaînée contre l'esprit d'ordre et de mesure.

Avarice

De tous les vices dont on peut accabler l'art moderne, l'avarice est celui qu'il endosse avec le plus de réticence. Peut-être est-il nécessaire de préciser le sens de ce péché, si peu revendiqué. « *Av*, disent les philologues, est une racine indo-européenne qui signifie désirer, garder, vouloir, retenir » explique Paul Morand[59]. Que ce désir d'économie, de rétention formelle soit revendiqué, et il s'identifie alors à l'aphorisme célèbre de Mies van der Rohe : « *Less is more* » (le moins est le plus). Qu'il soit précisé encore par Morand que « l'avarice est un vice logique », et il sert à caractériser les minimalismes qui ont ponctué ce siècle finissant.

L'avarice artistique ne saurait se confondre avec l'iconoclasme : elle aime donner à voir. Tout comme le ready-made, elle est affaire de contexte. Qui peut le plus, peut le moins nous lancent ces œuvres enfantées par le génie de la soustraction. Cette avarice est militante, trop ostensiblement voyante pour être prise pour une inclinaison coupable. Elle se professe, se prêche et, par là, affirme sa positivité, son agressivité.

59- P. Morand, « L'avarice », in *Les Sept Péchés capitaux*, Argenteuil, Éd. Coulouma, 1921, p. 29

Cette avarice-là est celle des rois qui portent l'habit de bure, celle de l'art qui ferme les yeux sur la richesse de son passé. C'est celle qu'Adolf Loos décrit dans une conférence de 1908, titrée « Ornement et crime », qui prône la « vérité » structurale et technique de l'architecture contre son occultation par le décoratif.

Ernst Gombrich associe la naissance de la peinture abstraite à cette émergence théorique d'une ontologie architecturale. « C'est à l'époque où les créations de formes décoratives étaient de plus en plus rejetées au nom de l'unité fonctionnelle que ce qu'on a appelé l'art abstrait a fait son apparition en peinture et en sculpture[60]. »

Le minimalisme américain appartient à la postérité de cet art abstrait voué à l'économie, adepte d'une rétention positive. N'est-ce pas l'écho européen de son « avarice » revendiquée qui résonne dans les galeries et musées où sont présentées les œuvres de l'Arte povera ? L'affirmation d'un « art pauvre » dans le contexte de la riche culture italienne, dans celui de l'industrieuse métropole turinoise, confine à la provocation. Là aussi, l'avarice se présente comme une force militante, un principe autant formel qu'idéologique.

Gourmandise

Au « moins » de l'avarice s'oppose le « plus » de la gourmandise. La gourmandise artistique peut prendre plusieurs formes. Elle peut jouer de la fusion entre l'esthétique et le gastronomique : l'artiste, en maître-queue. Daniel Spoerri a longtemps exploré ces lisières entre l'art et la restauration. Du 2 au 13 mars 1963, il est allé jusqu'à transformer en gargotte la galerie J de la rue Montfaucon.

60- E. Gombrich, *The Sense of Order*, Oxford, 1979, p 61.

Les critiques d'art les plus en vue (Michel Ragon, Pierre Restany, Alain Jouffroy...) avaient pour mission délicate de servir les plats concoctés par le chef « Daniel ». Comme l'annonçait le menu : « L'activité gastronomique du chef [...] entraînant d'immédiates conséquences esthétiques (dans la plus pure orthodoxie du Nouveau Réalisme), le public [était] prié de venir juger sur pièce, le lendemain du jour de clôture du Restaurant. » Au jour dit, le public pouvait, en effet, admirer sur les murs de la galerie J. les « tableaux pièges » qui consacraient la métamorphose de la Gourmandise en principe artistique.

Il est des applications plus directement pratiques de l'ancienne « gloutonnerie ».

Les gestes compulsifs, l'insatiable appétit d'objets ou de matière relèvent de ce « péché ». Les *accumulations* d'Arman, les empâtements d'Eugène Leroy, l'*aliment blanc* proliférant de Malaval lui appartiennent en propre.

De l'attrait pour la bonne chère à la recherche des plaisirs de la chair, il y a moins qu'un rubicon que nos artistes franchissent d'un pas allègre. Que Fautrier peigne dans les années vingt des vénus plantureuses, qu'il illustre plus tard *Madame Edwarda* de Bataille, et qu'il devienne après la guerre le poète des hautes pâtes picturales n'a rien que de très logique. Gourmandise et luxure ont souvent partie liée.

Luxure

L'érotisme reste un domaine de prédilection pour les artistes soucieux de lester leur art d'une charge de subversion. Parmi les péchés capitaux, la luxure est le seul capable encore de titiller le ciseau des censeurs. Mac Orlan le constatait déjà : « La luxure est rarement récompensée dans ce monde, et les grands luxurieux attirent toujours sur leur personne la foudre en Z des châtiments humains et divins[61]. » La « gourmandise » de Leroy, l'« avarice » de Donald Judd n'inspirent que des bâillements aux ligues de vertu. La « pornographie » de Mappelthorpe, l'« indécence » de Courbet les électrisent à coup sûr. Cette identification de l'érotisme à la transgression est sans doute la cause de son omniprésence dans les œuvres modernes. Lorsque la luxure ne s'affiche pas en pleine lumière, elle se tapit dans les tiroirs discrets des casiers à dessins. C'est dans la gravure que Picasso a débridé le plus son imaginaire érotique, que le très sage et très bourgeois Marquet a immortalisé la gymnastique perverse de *L'Académie des dames*. C'est au dessin également que Corpet confie son illustration des 120 journées de Sade. L'érotisme moderne dépasse sa littéralité iconographique.

Depuis l'invention de la psychanalyse, il est de notoriété publique que l'art est un assez bon palliatif aux séances de divan. Les œuvres sont-elles autre chose que les cryptogrammes d'un érotisme polymorphe ? Mondrian, le héraut moderne d'une peinture raisonnée, bannière de tous les puritanismes, peut-il échapper encore longtemps à la censure d'Adolf Loos déclarant : « Le premier ornement qui fut créé, c'est-à-dire la croix, était de nature érotique. Un trait horizontal : une femme allongée ; un trait vertical : l'homme qui la peint, telle est la première œuvre d'art que le premier artiste barbouilla sur une paroi pour se libérer de son excédent pulsionnel[62]. »

De façon moins voilée que Mondrian, les *Attese* de Lucio Fontana ont toujours été vues comme des détails abstraits d'anatomie féminine.

61- Mac Orlan, « La luxure », in *Les Sept Péchés capitaux*, Paris, Éd. Kra, 1929, p. 73.
62- Adolf Loos, cité par P. Haiko et M. Reisberger dans *Quelques réflexions à propos du débat sur l'ornement entre 1900 et 1910. Critique de l'ornement, de Vienne à la postmodernité*, Paris, Éd. Méridiens Klincksieck, 1992, p. 129.

Orgueil

L'orgueil occupe une place à part dans l'ordre des péchés. Jean Giraudoux trouve une dimension « sous-préfectorale » aux six autres qui lui font cortège. L'écrivain constate que ces six-là concernent aussi les animaux. « Ce ne sont pas des péchés. Il est difficile d'admettre que la chair humaine soit un prisme assez merveilleux pour changer en péché – c'est-à-dire en attentat à Dieu – des distractions qui lui sont communes avec chacun des ânes et des belettes[63]. »

Giraudoux le précise : « Étudier l'orgueil, c'est étudier l'homme dans sa lutte contre Dieu[64]. » De là vient que l'orgueil est un péché consubstantiel à la modernité. L'artiste moderne s'est voulu Prométhée. Il s'est donné pour charge d'explorer l'avant-monde du progrès, l'arrière-monde des consciences. Ce voleur de feu a doté sa propre effigie de la mégalomanie propre à son action surhumaine. Se haussant jusqu'aux dieux dont il a rêvé la puissance, il a ouvert son image à l'*hybris* et à la démesure. Van Dongen s'est représenté en Neptune, Panamarenko s'est rêvé en Icare moderne. En célébrant la création comme aucune époque avant lui, l'âge moderne célèbre l'orgueil qui est à son origine : « Le mouvement créateur ne vient jamais aux hommes dans une période d'humilité, mais bien dans ces périodes d'enjouement qu'ils croient être le bien-être, et qui n'est au contraire que l'esprit de provocation aux dieux dans sa plus haute tension[65]. »

63- J. Giraudoux, « L'orgueil », in *Les Sept Péchés capitaux*, Éd. Kra, *op. cit.*, p. 13.
64- *Ibid.*, p. 15.
65- *Ibid.*, p. 21.

Démesures pécheresses

Les péchés dont l'art moderne ne craint pas de se rendre coupable ont en commun de mépriser la règle et la mesure.

Les péchés capitaux ont ceci de particulier, et de futile dans leur malignité, qu'ils stigmatisent des excès et des débordements. Max Jacob, à qui il fut demandé de prêcher la gourmandise, s'était tourné vers les préceptes de son catéchisme : « La gourmandise, dit le catéchisme, est un amour déréglé du boire et du manger[66]. » Le dérèglement, voilà qui caractérise chacun des péchés capitaux.

L'amour charnel est dans l'ordre du comportement humain. Qu'il devienne obsession et il devient luxure, s'obscurcit de la noirceur du vice.

Au registre des humeurs, la colère et l'*acedia* sont toutes deux excessives par rapport au contrôle, à la maîtrise de soi. La première appartient encore à la liste des écarts capitaux. L'*acedia,* aujourd'hui oubliée, figurait bien pourtant dans la liste des huit « esprits de malice » établie par Evagre le pontique (+ 399), moine du désert égyptien. Sur l'échelle des mouvements de l'âme, l'*acedia* se trouvait au point symétrique qu'occupe la colère. Elle condamnait ceux qu'elle affligeait d'une passivité morose, de désespoir et d'inaction.

Regroupées par couples antithétiques, l'avarice et la gourmandise dénoncent également l'excès. À la prodigalité de l'une s'oppose la rétention de l'autre, symétriquement coupables. La paresse est vice solitaire. L'absence de son double, l'agitation stérile, la prive de repère sur l'échelle des comportements outrés.

L'orgueil et l'envie se complètent assez. La suffisance, la fatuité, auxquelles est associé l'orgueil, répondent à

66- Max Jacob, « La gourmandise », in *Les Sept Péchés capitaux*, Éd. Kra, *op. cit.*, note 42, p.123.

l'incomplétude, à l'incertitude qu'inspire la convoitise des biens, des performances d'autrui.

Ainsi compris comme un code du comportement régulé, les péchés capitaux projetés sur l'art moderne en révèlent la nature excessive. L'écart de ses formes avec les règles et mesures académiques est le reflet d'un écart voulu avec la morne vertu de Monsieur Homais. Il existe des liens bien réels entre l'ordre esthétique et la norme morale.

L'ethnologue, qui demande aux sculpteurs Yoruba de juger leurs œuvres, les voit recourir au critère « tutu » qui noue l'esthétique et l'éthique : « La retenue (tutu), correspondant à la qualité morale du même nom qu'on attend des hommes dans la vie réelle[67]. » Il y a dans la culture grecque, dans son arithmétique formelle, dans sa philosophie régulant les passions, l'équivalent informulé du « tutu » africain. C'est avec lui que rompt le Goya campé par André Malraux.

Après des siècles de beauté régulée, de passions contenues, le peintre ouvre à l'âme humaine les vannes de la déraison. La folie, les violences guerrières, les débauches de la sorcellerie, la gigantomanie qu'il choisit de peindre ouvrent les formes modernes à des audaces inouïes. Le « Mal » de Bataille est une force pratique, qui donne à l'art qui l'assume une liberté sans borne. De ce mal, productif et terrible, le péché de démesure prêté à l'art moderne est un écho lointain[68]•

67- Cité par J. M. Schaeffer, *Les Célibataires de l'art,* Paris, Gallimard, 1996, coll. « Essais », p. 222.

68- Signe du temps peut-être, la série des péchés capitaux a fait, ces dernières années, l'objet d'illustrations aussi nombreuses que variées. Parmi celles-ci, citons : E. Aeppli, *Quelques faiblesses humaines,* 1966 (bronzes), P. Mayaux, *Les Sept Péchés capitaux* (peintures), B. Nauman, *Seven Virtues and Seven Vices,* 1984 (granit gravé), F. Quardon, *Les Sept Péchés capitaux,* 1995 (tissus, matériaux divers), M. Quinn, *Emotional Detox : the Seven Deadly Sins,* 1994-95 (fonte de fer), E. Saulnier, *Les Sept Péchés capitaux,* 1995 (verre, matériaux divers).

Sept péchés capiteux

Michel Onfray

J'avais vu un lapin jouer du cornet à bouquin, des chiens caparaçonnés comme des tatous déchirer le corps d'une charogne, une lame d'acier émerger d'un couple d'oreilles, une truie coiffée telle une nonne, un oiseau royal ingurgiter un homme dont les vents étaient des hirondelles. Je n'avais pas manqué le corps d'un chevalier dépecé par des chiens, un démon jouer de son long nez comme d'une flûte, un poisson bipède tracter une charrette de foin en compagnie d'une horde bestiale travestie avec des costumes d'hommes. Je m'étais attardé sur des potences où guettaient des loups, des gibets où pendait, loqueteuse, la peau des hommes, des brasiers qui réduisaient des villes à la poussière. Je me souvenais d'un ornithorynque mangeant une fraise, d'un rat dans un tube de verre, d'une moule où reposait le corps d'un homme, sinon de porcs et d'ours chevauchés.

Ici, au Prado madrilène, comme là, au musée national de Lisbonne, ou ailleurs à Vienne, Jérôme Bosch m'avait coupé le souffle. Son monde est sublime et se refuse encore, et vraisemblablement pour longtemps, à toute réduction intellectuelle. D'où le bénéfice et l'intérêt considérables de ces images qui ne cessent de dire, en deçà et au-delà de ce que vraisemblablement elles signifient : la redoutable efficacité des songes enfantés par l'âme pour figurer les tentations, les damnations, les plaisirs, la création, la folie, ou les implacables conséquences du péché originel.

Aussi, pour illustrer les sept péchés capitaux, Bosch a choisi un dessus de table circulaire, comme pour exprimer l'éternel retour des choses, l'incessante ronde des passions humaines, des vices répétés et des pratiques qui en participent : l'épée d'un buveur qui va bientôt trancher le corps d'une épouse peut-être infidèle, la complaisance d'une femme pour elle-même devant le miroir qu'un singe diabolique lui tend, l'avachissement d'un riche en présence du fou qui fait sa cour, l'endormissement d'un paresseux comme un chien face à l'âtre, la gloutonnerie triviale d'un mangeur de cochonailles, le rendeur de justice corrompu par la bourse d'un plus vénal que lui, et toutes les autres postures sociales qui trahissent l'éternel empire des passions, des désirs, des pulsions, des instincts sur l'homme du commun.

Bien sûr, pour les besoins apologétiques, Bosch avait installé quatre figurations des étapes humaines comme des points cardinaux : la mort, le jugement dernier, l'enfer et le paradis. En enfer, c'est là qu'il excelle, le peintre a ramassé, en une presque vignette, toutes les manières communes à l'époque de stigmatiser les péchés : le gourmand mange des serpents et des lézards, le luxurieux découvre le sexe de sa partenaire couvert par un crapaud, les autres pécheurs sont émasculés, brûlés, tourmentés, déchiquetés, torturés. On connaît la logique, elle anime Dante en littérature, Thomas d'Aquin en philosophie, Paschal de l'Estochart en musique et tous les autres qui s'installeront sur le terrain de l'édification religieuse : les péchés conduisent en enfer, les vertus au paradis.

Et si c'était l'inverse ? Si le jardin des Délices était le lieu où s'expriment les prospérités du vice en même temps que les malheurs de la vertu ? Si Sade avait raison de préférer Juliette la perverse à Justine la trop sage ? Qu'on imagine, en effet, un monde duquel soudain disparaîtrait tout ce qui est stigmatisé comme vicieux, notamment par l'entremise des sept péchés capitaux. Plus de gourmandise ni de luxure, plus d'envie ni de colère, plus d'orgueil, d'avarice ni de paresse. Alors, tout serait d'une exceptionnelle fadeur, d'un intraitable ennui, d'un épouvantable gris. Morne la vie quotidienne, sinistre l'existence, aussi désespérante qu'une planète où aurait triomphé le choléra.

Tous les thuriféraires de la vertu devraient y songer. Tous les rabâcheurs de morale, les vendeurs d'arrière-mondes, les vertueux contaminés par la moraline seraient bien inspirés d'y réfléchir à deux fois. Après quoi, les fabricants de petits traités des grandes vertus feraient mieux de concocter de grands traités des petites vertus, les seules qui donnent du piment et du sens à l'existence. Car quoi, que veut-on ? Une vie quotidienne dans laquelle on n'ait plus de plaisir à boire et à manger, à désirer l'ivresse, à pratiquer l'ébriété, sinon l'ivreté ? Une table sur laquelle on ne puisse plus voir que le sinistre verre d'eau, le croûton de pain et le petit fromage rassis du vieil Épicure, commensal d'un Nazaréen amateur d'eau plate et de poissons parfois multipliés par ses soins ? Plus de bons vins ni de tables joyeuses, plus de cuisines raffinées, de festins et banquets de Trimalcyon ? Laissons cela aux moines, et aux philosophes qui s'en font les aides de camp.

Les tristes sires vaticanesques conspuent ce qui montre trop la chair en l'homme, ce qui rappelle sa nature exclusivement matérielle, naturelle, instinctive, pulsionnelle. Car le corps a des besoins que les religions s'évertuent toutes à négliger, à ne pas satisfaire, comme s'il suffisait de ne pas vouloir entendre une demande pour qu'elle cesse sur le champ de se formuler. Ne pas manger ni boire, sinon pour permettre la survie du corps, puisque c'est le seul moyen de rendre encore possible l'âme et que seule cette dernière importe : voilà la doctrine officielle des promoteurs de l'idéal ascétique. De même, pour les usages de la chair, du corps sensuel et quêteur de plaisirs. Car il faut soumettre le besoin sexuel à la nécessité génésique de perpétrer l'espèce et faire durer les générations afin que des millions d'hommes puissent encore, comme en un immense holocauste, continuer d'expier le péché originel. Souffrir, travailler, peiner, tels sont les destins auxquels il faut se soumettre, comme si devoir mourir un jour ne suffisait pas.

L'Église condamne la gourmandise parce qu'elle est une propédeutique aux plaisirs sexuels. Chacun savait, bien avant l'élégante et souriante démonstration de Brillat-Savarin, que les plaisirs de la table sont avant-coureurs de ceux de l'alcôve. Et si Grimod La Reynière a vanté les avantages de la bonne chère sur les femmes, c'est, au-delà du plaisir de l'exercice de style, parce qu'il n'ignorait pas que la poularde farcie aux truffes qu'on accompagne d'un superbe champagne en compagnie galante finit toujours par faire le lit de la luxure. Qu'on se le dise...

Trop manger, trop boire, aimer les délices de la chair trahit la volonté d'empire du corps sur la raison, la démission des organes de la soumission sociale – le système nerveux –, au profit de ceux de la subjectivité radicale – le reste. Comment s'y prendre pour ne pas pécher, ne pas succomber au vice de la gourmandise ? Des mortifications, des macérations, des méditations sur les suites funestes associées à la dilection pour les plaisirs de bouche. Avec le renoncement aux énergies qui font son corps, le sujet contribuera à édifier le social, à structurer et faire fonctionner les machines de la civilisation. D'où les invectives des moralisateurs à l'endroit de la sexualité.

Chargés d'énergie captive, les corps sont des dangers pour le social qu'ils mettent sans cesse en péril. La famille, le mariage, la fidélité, la monogamie sont les trouvailles de la civilisation pour capter, détourner et anéantir les puissances fabuleuses de la libido. La tempérance pour les plus ardents, la continence pour les plus doués, la virginité pour les plus saints, voilà les solutions possibles au problème de la sexualité. C'est du moins ce que disent les promoteurs de grandes vertus, les ennemis du vice. Et pour bien montrer que l'Église se nourrit du sacrifice des individus et vit des formes sociales qu'elle génère à partir de ces holocaustes permanents et quotidiens, les théologiens spécialistes en catéchisme ont exprimé les limites dans lesquelles la sexualité est possible : copuler est pensable et chaste quand l'accouplement vise exclusivement la procréation, et que les corps ne consentent ni au désir ni au plaisir qui pourraient apparaître en cours de route. Est chaste celui qui, dans l'œuvre de chair, n'a soumis son geste qu'à la nécessité de continuer à pourvoir le troupeau des expiateurs de la faute originaire.

Déjà les moralistes avaient débarrassé les tables des assiettes et des bouteilles, des verres et des plats. Voilà qu'ils installent des lits séparés dans les chambres, fourbissent avec ardeur les ceintures de chasteté, enfilent les chemises percées et calculent qu'en s'y prenant bien ils comptabiliseront une douzaine de relations sexuelles dans leur existence, autant que d'enfants conçus. Car il faut signaler que, pour ces deux péchés capitaux, ce qui est en cause c'est le corps qui jouit d'être tout simplement ce qu'il est. L'anathème lui-même concerne l'essence de la chair, sa nature, sa pure et simple existence. Ne pas manger, ne pas boire, ne pas toucher le corps de l'autre, voilà l'idéal quant à l'usage des chairs. Autant dire qu'on n'aura jamais autant et mieux signifié la nécessité d'être pareil à un cadavre.

Pas de corps, pas de chair, pas d'usage hédoniste de soi. Tout doit être réalisé dans l'optique d'une subsomption de l'énergie individuelle sous le pavillon des grandes formes sociales : ici le travail qui permet la prospérité de la patrie, là la paternité qui rend possible la famille, toujours une sensualité confinée et sublimée dans les édifices sociaux. La sexualité libre, la chair entravée par les vapeurs alcooleuses, ce serait l'impossibilité de durer comme tels pour les auxiliaires de la fixité sociale. Rien n'est plus antisocial que l'amour de soi, rien n'est plus social que la haine de soi. L'hédonisme est radicalement un individualisme, une option philosophique qui avance l'existence et l'intérêt des seuls individus, au détriment de toute relation, secondaire et soumise à une perpétuelle réévaluation. Le réseau vaut moins que les nomades qui le constituent. Le chrétien, amateur d'idéal ascétique, veut le corps disponible pour les travaux et les jours, les œuvres sociales.

La haine de soi, si elle est mépris d'une partie de soi pour une autre partie de soi, c'est aussi la surévaluation d'autrui, quel qu'il soit. Son existence est toujours entendue comme supérieure à la mienne, plus importante. L'autre comme donneur de sens à ma vie, voilà un nouveau leitmotiv des brandisseurs de péchés capitaux. Autrui est plus que moi qui ne suis que dans, par, et pour lui. Aimer son prochain, lui pardonner ses fautes, pratiquer la charité dispense de considérer toute intersubjectivité là pourtant où elle se trouve : sur un perpétuel terrain de violence. Point n'est besoin d'inviter à aimer son prochain s'il est aimable. Rien que de très normal. En revanche, pour ceux qui ne le sont pas ? les marchands du temple, les tortionnaires, les dictateurs, les tyrans ? Puisque la colère est un péché et qu'il faut pratiquer la tempérance, l'amour, la douceur, comment ne pas imaginer qu'ainsi, vertueux, on va directement à l'abattoir ?

À quoi ressemblerait un monde sans colère ? À un chantier plus sanglant encore qu'au quotidien, à une jungle où les plus forts ne feraient qu'une bouchée des plus faibles, car la bête qui sort les dents en l'homme, même chez le plus démuni, est parfois l'occasion de reculades, y compris chez les grands fauves. Le temps de différer d'une seconde le coup de patte fatal peut suffire pour équilibrer, dans la guerre de tous contre tous, les pertes dans le camp des forts autant que dans celui des faibles. La colère est pensable comme une démonstration de force qui parfois permet d'éviter la violence. Le tribun et le pamphlétaire, le harangueur et le revendicateur, le tyrannicide et le partisan sont des figures de la saine colère. La tolérance et la politesse ne sont utiles qu'autant qu'elles sont nécessaires, autant dire tant que ne sont pas vitales, pour assurer la survie, la colère et la force.

Si le prédicateur interdit la colère, il veut aussi bannir l'envie qu'il intègre dans les modalités destructrices du rapport à autrui. Envier, c'est viser la place de l'autre, son statut, son avoir, son pouvoir, son être. Certes. D'une certaine manière, c'est aussi se détester soi que de vouloir être un autre, et c'est ce qui devrait plaire au christianisme : une occasion supplémentaire de ne pas s'aimer, voilà une aubaine. Pourtant, ce qui motive la condamnation de l'envie, c'est que le désir qui la caractérise a pour objet une maximalisation de soi, une augmentation de soi. Envier, c'est vouloir plus, davantage, c'est revendiquer plus et mieux pour une subjectivité qui se trouve en deçà de ce qu'elle imagine d'elle.

De cela même qui justifie la condamnation de l'envie par les prêtres, je conclus à la nécessité de la chérir : elle est le moteur actif et architectonique de toute sculpture de soi, de toute expansion de soi, de toute formulation et formation d'identité. Sans elle, pas de désir mimétique, cher au cœur de René Girard, pas de modèle, d'idéal du moi, d'objectif à viser pour bander les forces qui permettent d'atteindre un but autorisant une vitalité surabondante du moi. Sans envie, pas de Schubert se structurant selon Beethoven, pas de Sartre se réalisant par rapport à Flaubert, pas de Michel-Ange se déployant en regard de Vinci. Tout projet originel, en matière de psychanalyse existentielle, suppose des objectifs dont on ne s'approche que grâce à l'envie. Un monde dans lequel on n'envierait rien ni personne, aucun autre état, aucun autre statut, aucune autre existence, serait aussi désert qu'une planète ravagée par la collision avec un météorite. L'envie suppose le modèle sans lequel rien de vertical n'est possible.

Pour la même raison, l'orgueil que stigmatisent les rhéteurs en chaire est un formidable agent de projection de soi vers le haut. L'humilité, que vantent ceux-là mêmes en antidote, est invitation à ramper, à lécher le sol, à se contenter des reptations auxquelles nous condamnent habituellement l'impératif métaphysique doublé de l'ordre social. L'estime de soi que suppose l'orgueil, qui n'est pas la vanité, la fatuité, ni la présomption, est l'occasion de considérer que toute altérité, toute intersubjectivité sont redevables d'une double nécessité : être, soi, à la bonne place pour, ensuite, installer autrui dans la place qui lui revient dans un échange qu'on aura voulu selon l'ordre hédoniste.

L'orgueil est condition de possibilité d'une juste installation de soi dans le réel : sûrement pas aussi bas que le souhaiteraient les chrétiens, pas forcément aussi haut que le voudraient les vaniteux. Sans orgueil, les simples, les modestes, les petits, les pauvres ne pourraient jamais escompter rien d'autre que les raclures, les déchets, les reliefs qui jonchent le sol. Dépourvu de cette vertu cardinale, pas d'élégance possible ni de condensation ou de vaporisation du moi sur le mode baudelairien, pas de bipèdes dans un monde de quadrupèdes, pas de tenue dans une époque avachie. L'humilité est l'auxiliaire du contentement de soi dans l'ordre du monde quand on est à la place des moucherons. Ni Dieu, ni la nécessité ne justifient qu'on se satisfasse du pire quand il est notre lot, de l'invivable quand il est de fait.

Dans la gourmandise et la luxure, c'était un certain usage de soi et de son corps qui était en cause ; dans la colère, l'envie et l'orgueil, c'est un certain usage de soi dans la relation à autrui, au monde. Dans les deux cas, ce qui est fustigé, c'est qu'on puisse ne pas être content de son sort et de sa place, qu'on désire un autre lieu, un autre destin, qu'on s'en fasse le promoteur, le décideur, le maître. La colère contre l'état des choses, l'envie d'un autre monde, l'orgueil pour en dessiner les contours plus amènes, voilà, aux yeux des moralisateurs, qui montre trop l'homme soucieux de son expansion et d'un empire sur soi, puis sur le monde. Aussi faut-il condamner, associer ces puissances à la faute, au péché. Soyez tempérants, pratiquez l'humilité, excellez dans l'amour du prochain. En fait, ne souhaitez rien d'autre que ce qui advient. L'ordre du monde est le bon puisqu'il est ainsi, voulu par Dieu autant que par les hommes qui s'en réclament.

Ne pas être pour soi, ne pas être autrement que dans la perspective d'une relation irénique et éthérée avec autrui, malgré ce qu'enseigne tous les jours le réel, voilà qui conduit, en une ultime salve, à distinguer deux derniers péchés qui trahissent, une fois encore, la nécessité impérieuse d'être pour le social et de sacrifier toute velléité subjective et singulière au profit du léviathan collectif. Tout ce qui autorise une inertie et pourrait entraîner une paralysie du social est peccamineux. Ainsi de l'avarice et de la paresse.

Les théologiens disent de l'avarice qu'elle est attachement excessif à l'argent, certes, mais aussi aux biens de la terre. Où l'on retrouve la haine chrétienne pour l'ici-bas, l'immanence, le monde sensible, toujours sacrifiés au profit de l'au-delà, de la transcendance et du monde intelligible. Pourquoi l'avarice est-elle un péché ? Parce qu'elle est amour de l'argent pour soi et non pour le monde. Toute confiscation des richesses pour son propre compte entraîne l'immobilisation des capitaux et le ralentissement économique, jusqu'à l'éventuelle immobilité complète.

L'argent doit viser la production des richesses collectives, l'individu n'est qu'un rouage dans une machine économique et politique. Or, malgré l'invitation faite aux chrétiens par le plus célèbre des charpentiers à préférer le royaume de Dieu à celui de César, le pouvoir temporel des propriétaires a toujours fait bon ménage avec celui, prétendument spirituel, des prêtres. Détachement des biens de ce monde, disent-ils, et générosité... Faut-il préciser que, dans une perspective hédoniste, l'usage des richesses n'est en rien soumis aux nécessités du social et du collectif, que la prospérité individuelle n'est pas un instrument au service des résultats généraux, que l'avarice est plutôt une vertu lorsqu'elle est entendue comme l'art de gérer pour soi, et de manière capricieuse, son rapport au monde matériel, sans le moindre souci des effets collectifs, nationaux, économiques et patriotiques ?

Asocial dans son avarice, parce que soumettant ses richesses à son pur et simple plaisir, l'hédoniste soucieux de cumuler les vices chrétiens pour devenir un vertueux jubilatoire tâchera de pratiquer le dernier péché avec une allégresse consommée : à savoir la paresse. Car, dans l'arsenal des fautes capitales, elle est revendication radicalement libertaire de l'usage de soi, de son temps et de sa personne. Lever et coucher à son heure, loisir à convenance, et moins de travail salarié possible, car les vertus proposées par les chrétiens sont les plus susceptibles de parachever la soumission de l'énergie individuelle et libertine aux forces collectives et sociales : le courage auquel ils invitent est l'auxiliaire de la négation de soi et de la mise de son corps, de son temps, de son énergie, de sa vie, de ses forces au service des causes qui aliènent la singularité, l'individualité, la subjectivité. Ne pas être paresseux suppose se sacrifier totalement aux impératifs sociaux.

À quoi donc pourrait bien ressembler cette planète sur laquelle, enfin devenus vertueux, les hommes se seraient mis à ne plus boire autre chose que de l'eau, à ne plus manger que du pain sec, à ne plus toucher au corps d'autrui autrement que pour faire des enfants ? Un univers où l'on ne trouverait plus de colère, d'envie et d'orgueil permettant le mouvement, la vie, le changement, la transformation du réel aux dimensions des désirs ? Une terre sur laquelle l'intersubjectivité serait de tolérance et de politesse, de tempérance et de douceur, de prudence et d'amour, d'humilité et de simplicité ? De quoi serait fait un monde où tous rivaliseraient de générosité sociale et de courage, de goût pour le travail et de passion pour l'entreprise ? Compassion ici, miséricorde là, pureté une fois, bonne foi une autre. Amour partout. L'ensemble serait sinistre et le goût du paradis serait d'une extrême fadeur.

Au moins, avec l'avarice, les allégories de la peinture et de la sculpture nous l'enseignent depuis toujours, on rencontre les harpies aux têtes et seins de femme, ailes et serres d'oiseau ; avec la colère, toutes les variétés de poignards, cimeterres, couteaux, épées et autres kriss, toutes les variations sur le thème du coup de poing, de la gifle et du soufflet, toutes les invectives, les insultes et les quolibets ; avec l'envie, des femmes qui se nourrissent de serpents, et dont le visage est malsain, les yeux louches, les dents gâtées, le corps décharné, la langue infestée de venin ; d'autres qui rongent leur cœur ou leurs viscères pendant qu'un gros chien aboyant les accompagne ; avec la gourmandise, des bâfreurs couronnés de feuilles de vigne et de pampre, portent des plateaux de fruits, pendant que courent dans leurs jambes loups voraces, porcs infects, ours morfals et hérissons gavés ; avec la luxure, on croisera des femmes dont le sexe et les seins sont rongés par des crapauds et des serpents, elles chevauchent de temps en temps des boucs lubriques que suivent sangliers, coqs, lièvres et lapins, des porcs à nouveau, parfois elles se mirent dans des psychés qui cachent mal le singe derrière elles ; avec l'orgueil, on verra une femme accompagnée d'un lion et d'un aigle, animaux souverains sur terre et dans les airs, un paon, sinon un miroir ; enfin, la paresse aidant, le cortège se terminera avec un homme obèse chevauchant un âne flanqué d'un bœuf et d'une truie.

Finalement, tout cela fournit un bestiaire bien plus jubilatoire que celui des édens vertueux où l'on mourrait d'ennui, où l'on succomberait à la perspective de se réveiller chaque matin en sachant que rien ne pourrait arriver en dehors de l'éternelle répétition d'un tiède bonheur sans aspérité, lisse comme la surface d'une flaque d'eau croupie. La vie vertueuse telle que l'entendent les prêtres et les philosophes qui vont avec serait mortelle : tout ce qui donne du goût à la vie en serait retranché. Car rien d'autre que ces péchés capiteux ne présente d'intérêt, à moins de préférer l'immobilité au mouvement, la collectivité à soi-même, l'ordre figé au désordre jubilatoire, la froideur des cadavres raidis dans l'éternité à la tiédeur des peaux qui s'échangent et se prêtent, autant dire la mort à la vie •

Repères bibliographiques

- *Le Ventre des philosophes*, Paris, Grasset, 1989
- *Cynismes*, Paris, Grasset, 1990
- *L'Art de jouir*, Paris, Grasset, 1992
- *La Sculpture de soi*, Paris, Grasset, 1993 (prix Médicis essai)
- *Métaphysique des ruines*, Bordeaux, Éd. Mollat, 1995
- *Le Désir d'être un volcan*, Paris, Grasset, 1996

Texte composé en Candida corps 10
Titres en Citizen corps 70

Achevé d'imprimer le 19 août 1996
sur les presses de
SAGIM IMPRIMERIE MODERNE,
Courtry